Школа юного антиквара

Александр Макаров

Published by Александр Макаров, 2018.

While every precaution has been taken in the preparation of this book, the publisher assumes no responsibility for errors or omissions, or for damages resulting from the use of the information contained herein.

ШКОЛА ЮНОГО АНТИКВАРА

First edition. March 5, 2018.

ISBN: 979-8224493074

Written by Александр Макаров.

Охотники за артефактами

Для мальчиков от 8 до 80 лет и их родителей, а также для умных девочек, которым интересны мальчишеские игры и книги. Если ты любитель фэнтези, то конечно знаешь, что артефакт — уникальный предмет, обладающий особенными, часто, магическими свойствами.

Но многие ли из нас знают, что и в обычной жизни встречаются артефакты? Да, да я не ошибся. Бывает что самые обычные вещи путем неких обстоятельств превращаются в что-то особенное, то чем желаю обладать многие, но оно есть лишь у некоторых.

О чем же здесь идет речь, спросишь ты? Все просто, речь идет о предметах коллекционирования. Именно о них пойдет речь в этой книжке. О тех странных поворотах судьбы, которые превращают небольшой кусочек бумаги или металла в предмет зависти для собирателей и стоящих не малых денег на аукционах.

Артефакты еще и красивы. Каждый из них несет неповторимый отзвук прошедших эпох, часто это подарок на всю жизнь. Тебе не придется учить географию и историю – их ты изучишь по монетам и маркам. И знаниями своими будешь поражать учителей. Такие подробности, какие ты узнаешь собирая монеты, марки или спичечные этикетки в учебниках не найдешь.

Коллекционирование самая благородная из человеческих страстей. Я думаю, ты получишь удовольствие читая забавные истории из жизни антикваров.

Ты узнаешь много интересного, так как те, кто много знает о коллекционировании, предпочитает держать свои секреты в тайне. Самые захватывающие истории из жизни коллекционеров, ждут тебя.

Все мы немного коллекционеры. Мы часто храним предметы, доставшиеся нам в наследство или те, что напоминают нам о каком-то событии. Помимо того, что эти вещи дороги нам как память они еще и красивы. Каждая из них несет неповторимый отзвук прошедших времен, а иногда и весьма ощутимую материальную ценность. Если Вам удастся приобщить к коллекционированию детей, то это подарок на всю жизнь. Ребенка не придется учить географии и истории он их изучит по монетам и маркам. И знаниями своими будет поражать учителей. Коллекционирование самая благородная из человеческих страстей. Я думаю, Вы также получите удовольствие от чтения книги написанной профессионалом в живой увлекательной форме с юмором.

Увлекательно о коллекционировании

В пятом классе я начал собирать монеты. Маленькие и большие, блестящие и тусклые, серебряные, медные, алюминиевые и железные - они мне снились по ночам. Я мог часами разглядывать купленную монету. Все в ней меня восхищало. Загадочный рисунок, проглядывающий через старинную патину, странные знаки, тревожный запах. Да, каждая монета имеет свой запах. Это запах приключения. Ночью, перед тем как заснуть, я думал о том, какие монеты у меня есть, и какие еще будут, и засыпал счастливый. Все невзгоды жизни отступали перед магией старинных монет.

Это ли не любовь? Более величественной и благородной страсти я не знал. И я с пониманием и симпатией думал о римском императоре Октавиане Августе, который тоже любил старые монеты и одаривал ими отличившихся сенаторов. Он для меня был фигурой более реальной, чем сосед из квартиры напротив. Петра Первого я уважал за то, что он покупал во время путешествий старые монеты, а потом дарил их в Кунсткамеру. Я снисходительно прощал слабости королю Людовику за то, что он был нумизматом. Да и египетский король Фарук, хоть и просиживал сутками в казино, но какую потрясающую коллекцию он собрал. Да и Петр III, сначала мной презираемый, оказался при внимательном рассмотрении вовсе неплохим человеком и, конечно же, коллекционером. Вот в компании принцев крови, королей, маркграфов и пр. проходило моё детство. Неплохая я вам скажу компания.

О почтовых марках.

Поистине королевским хобби считается и филателия. На первых почтовых марках были изображены сплошь царственные особы и многие монархи не могли отказать себе в удовольствии платить огромные деньги за маленькие кусочки бумаги с ликами коронованных особ.

Об английском короле Георге V рассказывают следующую историю. Однажды, встречая гостей, он рассказал одному из друзей, что знает счастливца, который совершил великолепную сделку, купив по бросовой цене марку Маврикия. Выслушав рассказ о таинственном человеке, друг сказал, что, наверное, это был кто-то очень легкомысленный и наивный, потому что только такой человек мог заплатить огромную сумму за маленький кусочек бумаги.

Георг V рассмеялся и признался, что этот человек - он сам. За 1450 фунтов стерлингов он приобрел на филателистическом аукционе в Лондоне легендарную марку острова Маврикий 1847 года. Это одна из наиболее редких марок в мире. Разумеется, это приобретение было сделано инкогнито. Георг V считал, что ему случайно удалось купить эту марку, и очень гордился своим успехом. С той поры король часто рассказывал эту историю. А в королевской коллекции появилась легендарная марка.

Королевская коллекция уже давно является незыблемым символом Британии и регулярно участвует во всех всемирных выставках. В 2000 году называлась оценочная стоимость королевской коллекции - 150 миллионов фунтов.

Завзятым филателистом был Николай II. Коллекция Николая II сопровождала его до самой смерти - после отречения он взял ее сначала в Тобольск, а затем и в Екатеринбург. После расстрела царя его коллекция таинственным образом оказалась за границей.

Оловянная армия.

А вот начало коллекционированию солдатиков положил Людовик XIII, который заказал для своего сына сразу 300 фигурок, причем повелел отлить их из серебра. Впоследствии эта коллекция перешла к Людовику XIV, который пополнил армию конницей.

Наполеон пошел дальше и подарил своему чаду 117 золотых воинов. Этот набор из 117 фигурок сохранился до сих пор; он считается самой дорогой игрушкой в мире, и недавно был оценен на аукционе в сотни миллионов испанских песет.

Наши монархи были куда скромнее. Петр III играл в детстве солдатиками. Он каждое утро строил их на подъем государственного стяга, по часам менял караул и занимался с ними строевой муштрой. Материалом для изготовления солдатиков служили также воск и пробка, и даже мука и сахар. Именно такими, съедобными, солдатиками, пишет историк Ключевский, играл будущий российский император. И в самом деле, эти солдатики были съедены... крысой. В гневе наследник престола устроил "преступнице" показательную казнь!

Монаршим отпрыскам совершенно необходимо было знать военное дело, так как рождались они уже полководцами. Для начала предстояло им двигать оловянные легионы по скользкому паркету дворцов.

Великий Уэллс и в зрелом возрасте сохранил в своем сердце заветную мечту любого мальчишки. В книге с замечательным названием «Маленькие войны» он описал правила настольной, вернее, напольной военной игры с участием оловянных солдатиков и пружинных пушек. Сам страстный коллекционер, Герберт Уэллс разработал свод правил военных игр, которые можно было вести на полу, на подоконнике, в саду, на террасе и даже на кухонном столе.

И даже Александр Васильевич Суворов, вдоволь навоевавшись и насмотревшись величайших баталий, вдруг понял, уйдя в отставку, что не может жить без войска. И в старости он окружил себя солдатиками, в которых узнавал тех, с кем делил радость побед. Он расставлял их на столе и подолгу говорил с ними. Им было о чем поговорить...

Собирали монархи и антиквариат, и старинные автомобили, и более прозаические вещи. Стоит только стать коллекционером, и вы окажетесь в одной компании с коронованными особами, президентами и великими полководцами.

Если Вы захотите узнать, что заставляет людей приобщиться к этой благородной страсти, почему коллекционеры готовы отдать за понравившуюся им вещь целое состояние - читайте эту книгу.

Нумизматика — наука о монетах

НУМИЗМАТИКА (от лат. nutista — монета), область коллекционирования и исторической науки, предметом которой является изучение монет во всех взаимосвязях с историей, экономикой, политикой, культурой и техникой. Вначале она развивалась именно как коллекционирование, а не как наука. Нумизматика имеет много разделов: античная, византийская, восточная, западная, украинская, древнерусская.

Деньги скифов

Примерно в VII веке до н. э. на юге Украины появились первые деньги. Деньги не всегда были монетами или купюрами. Так что увидев их Вы вряд ли догадались что перед Вами платежное средство. Мы можем гордиться - это были одни из первых денежных знаков появившихся в Европе. Их придумали скифы. Скифы - великий и таинственный народ, много веков населявший причерноморские степи и наводивший ужас на своих соседей. Именно для торговли со скифами и создавали греки свои города-государства на берегу Чёрного моря. А какая же торговля без денег? И деньги у скифов появились. Шли они при создании денег примерно тем же путём что и китайцы. Китайцы, придумывая для себя эквивалент обмена, делали первые свои деньги в виде самых важных для себя вещей - стилизованных мечей и мотыг. Для воинов-скифов самым важным оружием был лук со стрелами.

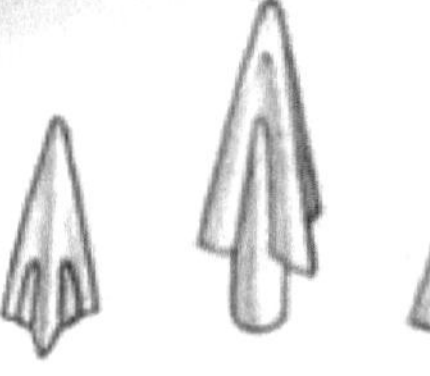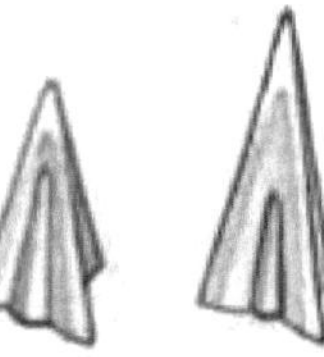

Внезапно появляясь, конные скифы осыпали врагов тучами стрел и, не вступая в кровопролитную рукопашную схватку, опять исчезали в просторах степи. Такая "партизанская" тактика помогла им выиграть у самых прославленных полководцев, как персов, так и греков. Так вот у скифов деньгами служили наконечники для стрел. И если сначала это были просто наконечники, которые можно было использовать и для торговли и для изготовления стрел, то в дальнейшем они сильно

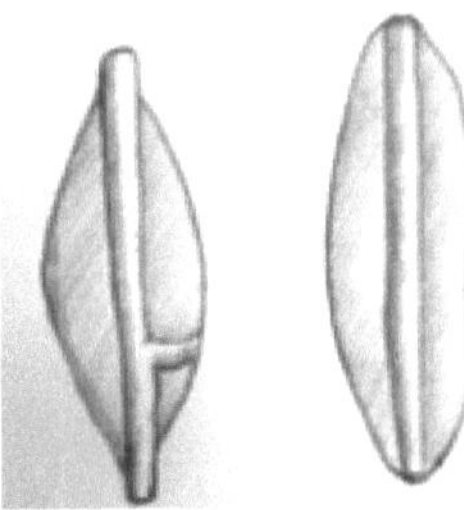

изменились.

Сначала они стали тупыми, потом в них пропала дырочка, которая нужна, чтобы вставлять древко стрелы, а затем и форма стала

лишь отдалённо напоминать форму наконечника. Более того, есть "монеты стрелки" хвостиками, напоминающие по форме рыбок. А древнегреческая Ольвия просто начала выпускать "дельфинчики" - монеты, формой похожие на дельфинов. "Монеты стрелы" выполняли в скифской державе ещё и статистические функции. Царь скифов для того, чтобы узнать, сколько у него подданных, велел каждому из них сдать по одной стрелке. Из собранных стрелок отлили котёл. Так с помощью этих монет у скифов впервые была проведена перепись населения Не знаю как часто проводились у скифов подобные мероприятия и сравнивались ли котлы отлитые при разных царях, но сам метод прост и нагляден.. "Монеты стрелы" или более поздние "монеты стрелки" - это самые мелкие денежные номиналы. Но были выпуски и более крупных денежных знаков.

Когда-то в детстве вся моя коллекция составляла всего штук двадцать не очень старых монет. Голубой мечтой того времени для меня было приобрести какую-то старую монету, желательно античную. Мечты сбываются. Такую монету мне как-то принёс мой сверстник. Выменял я её, как сейчас помню за старую кобуру от пистолета. Монета была хороша. Медная, покрытая древней патиной, через которую еле различимо просвечивали непонятные надписи и рисунки. Её можно было разглядывать часами. Приятель мой тоже остался доволен обменом и через несколько дней предложил мне на обмен странного вида треугольную пластину. Пластина была вся зелёная от окислов с грубыми изображениями непонятной природы. Хотя за эту пластину приятель просил какую-то ерунду, но я в его предложении усмотрел лишь неуклюжую попытку надуть меня и с негодованием отказался. Много лет я вспоминал этот случай в виде нелепого курьёза, пока не узнал, что у скифов, кромc "монет стрелок" выпускались более крупные деньги, которые сейчас называют - монета "вепрь" или "рыба". Делались они литьём из бронзы, вес достигал 45 граммов.

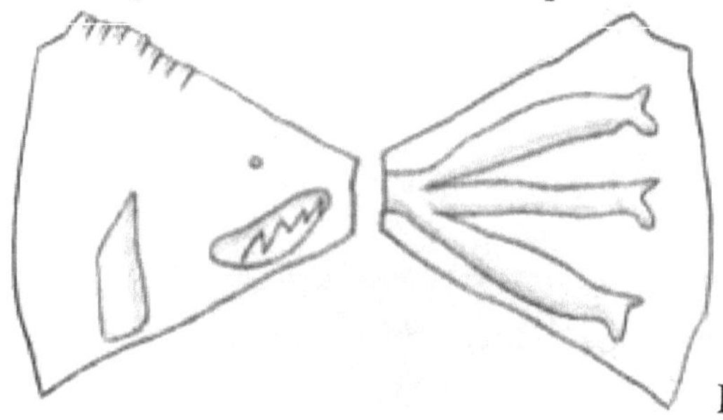

На одной стороне у них стилизованное изображение головы вепря, хотя некоторые считают, что это голова рыбы. На другой стороне изображение трёх стрелок. Номинал поменьше весит примерно 29 граммов и с другой стороны у них одна стрелка. Моя тогдашняя ошибка простительна, ведь даже археологи первоначально видели в "вепрях" то гирьки, то формы для отливки монет. Но в тот раз я отказался от одной из самых интересных денежных реликвий, связанных с нашим краем. По теперешним временам "вепрь" ещё и кучу денег стоит. Хотя непросвещённый человек, найдя позеленевший от времени кусочек металла странной формы, вряд ли догадается, что перед ним монета, которая стоит в несколько раз дороже, чем такой же кусочек золота. Каталог В.В. Нечитайло, С.Л. Михайлов "Каталог античных монет, Скифии, Березани, Никония, Тиры, Керкениды" оценивает его в 1000 долларов.

Кизикин.

Но есть вещи и подороже. Например, электровые кизикины. Цена их две-три тысячи долларов за экземпляр.

Но и не они чемпионы по стоимости среди древних монет нашего края. Самые, пожалуй, дорогие это крупные номиналы монет скифского царя Скила. Выпускал эти монеты Никоний.

Никоний находился совсем близко от Одессы, с восточной стороны Днестровского лимана. Многие приезжие отдыхающие на Каролино-Бугазе, даже не догадываются, что ходят по городу, который царь Скил вероятнее всего намеревался сделать своей столицей.

О Скиле писал и древний историк Геродот. История Скила закончилась трагично. Скифы восстали против него. Сам он бежал, но был предан и казнён. Есть современный спектакль, поставленный по мотивам этой античной истории. Это трогательная история о том, как Скилу пришлось выбирать между царствованием и любовью гречанки. Чудесно смотрится такая постановка под открытым небом на развалинах античного города. Так ее показывали в Севастополе, на раскопках древнего Херсонеса. Но я немного отвлёкся.

Так вот в древнем Никонии иногда находят монеты с одной стороны которой изображено колесо, а с другой - сова и имя царя Скила. Крупные номиналы таких монет чрезвычайно редки, всего их известно несколько штук. По этому-то они так ценятся у коллекционеров.

Под влиянием греков выпускали скифы и свои серебряные монеты. Например, на выпускавшихся в IV веке до н. э. монетах царя Атея, мы видим с одной стороны греческих богов или героев, а с другой стороны конного скифа. Скиф бородатый и длинноволосый, на скаку стреляет из лука.

Эти монеты бесценное свидетельство величия исчезнувшего народа скифов, некогда покоривших Египет и покрывших курганами - "степными пирамидами" - огромные пространство Европы и Азии. Но всё в жизни имеет своё начало и свой конец. Государство скифов было сметено с лица земли дикими ордами сарматов. Остались их отдалённые потомки - современные осетины. Они сохранили как языковые особенности своих далёких предков, так их мифы, легенды и предания. Одно из таких сказаний гласит, что боги обратились к скифам с вопросом: что лучше для них-полное ли уничтожение или низведение до уровня рабов. И скифы, поразмыслив, ответили, что вечной жизни в жалких потомках, они предпочитают гибель, но вечную славу. Так исчез славный народ скифов, о котором, в сущности, мы знаем так немного.

Греки и римляне

Наиболее известные античные города нашего края это Тира, Никоний, Ольвия, Херсонес, Пантикапей. . Каждый из них чеканил свои монеты.

Города государства чеканили медные, серебряные и даже золотые монеты. А что же можно было купить за эти монеты? Самая маленькая греческая серебряная монетка – обол. Обол делился на более мелкие монеты – халки. Один обол состоял из 8 –16 бронзовых халков. Вес обола меньше одного грамма (0,71 г). Ремесленник, работая по найму, зарабатывал примерно два-три обола в день На один обол можно было купить небольшой кувшин вина, хлеб и несколько жареных рыб. Более крупная монета – драхма равнялась 6 оболам. Кусок материи стоил уже несколько драхм. Цена раба или лошади составляла несколько сотен драхм.

На ряду с местными монетами на наших землях встречаются и монеты метрополии. Греческие античные монеты это подлинные высокохудожественные произведения искусства. Римляне пытались продолжить эту традицию, но их монеты проще, утилитарнее. В IV-V веке нашей эры после нашествия гуннов денежное хозяйство приходит в упадок. Некоторые племена чеканят так называемые «варварские подражания» античным монетам. Зачастую это бессмысленный набор чёрточек и точек.

Самая дорогая монета

Долго самой дорогой монетой в мире был так называемый «двойной орел», 20-долларовая золотая монета, был продан на аукционе Сотбис (Нью-Йорк, США) 30 июля 2002 г. за 7 590 020 долл. США.

Почти восемь миллионов долларов выложил анонимный коллекционер-нумизмат за золотую американскую монету 1933 года под названием «Двойной орел». Она существует в единственном экземпляре, и стала самой дорогой монетой в истории коллекционирования.

Эти монеты были отчеканены в 1933 году, в момент, когда США официально отказались от золотого стандарта своей валюты. Все отчеканенные тогда «Двойные орлы» пошли в переплавку, и только одна монета избежала этой участи. В 1944 году она была вывезена из США как собственность короля Египта Фарука. Потом были обнаружены еще с десяток подобных монет, но так как официально они попасть к коллекционерам не могли, их признали украденными у государства, и конфисковали.

Сейчас самая дорогая монета в мире, раритет, американский серебряный доллар "Распущенные Волосы". Монета была отчеканена в Америке, на монетном дворе в штате Филадельфии, в 1794 году. Это монета была продана на аукционе за рекордную сумму 7 850 000 долларов

Четвёртая сторона монеты

Пожалуй, самыми загадочными монетами, в истории денежного обращения нашей страны, являются первые монеты Киевской Руси - златники и сребреники. Не смотря на то, что история этих монет насчитывает более тысячи лет, так, как их название известно ещё из текста договора Руси с Византией от 945 года, но первая такая монета попала в руки коллекционера лишь в 1792 году.

Он обнаружил сребреник князя Ярослава в киевской церкви среди привесок к иконе. Потом через четыре года был найден в Киеве первый златник князя Владимира. Прототипом златникам послужили солиды византийских императоров Василия II и Константина VIII (976-1025) с которыми Русь поддерживала тесные экономические связи.

Солид, золотая монета, введенная императором Константином 1 около 309 года сначала в Трире, а с 314 года и в восточной части империи. Солид был почти не легированным и соответствовал 1/72 римского фунта или 4,55 граммам. Благодаря своей высокопробности, сохранившейся почти без изменений до конца Империи, солид оказал большое влияние на более поздние монеты сопредельных стран.

Златники князя Владимира, как и византийские монеты, имеют противоположенную ориентацию сторон. На лицевой стороне изображен сидящий князь, в шапке с подвесками, увенчанной крестом. В правой руке князя крест на длинном древке, над левым плечом - княжеский знак в виде трезубца. Вокруг изображения надпись, вершины букв обращены к центру монеты. Надпись заканчивается крестом. На обратной стороне - по грудное изображение Иисуса Христа в венце с благословляющей правой рукой и Евангелием в левой руке. Вокруг надпись. Изображения обеих сторон заключены в ободки из бусинок. Известен и другой вид надписи на лицевой стороне. Так как эти монеты чрезвычайно редкие (златников Владимира известно чуть более десятка), то их стоимость на иностранных аукционах составляет десятки тысяч долларов.

Вообще-то стоимость монеты зависит не только от её редкости, металла и сохранности. Очень большое влияние на то, за сколько монету можно продать оказывает, её так называемая "четвёртая сторона". Откуда же у монеты может взяться четвёртая сторона? Спросите Вы и будете, в общем-то, правы. Но у монеты, кроме аверса, реверса и гурта, есть ещё её история, а также легенды, мифы, предания, сплетни и байки, связанные как с выпуском "в свет" и обращением монеты, так же и с её приключениями в руках коллекционеров. Всё это и называет четвёртой стороны монеты известный московский коллекционер Ю. Лебедев. Собственно говоря, эта четвёртая сторона является первой по значимости. Сам по себе металлический кружок с буквами, цифрами и картинками (если это не крайне необходимое в данную минуту законное средство платежа) затрагивает душу только тогда, когда мы понимаем его место в череде исторических событий. Вот это то и ценится выше всего. Потому то и так дорого стоит нумизматическая литература, ведь она является неразрывным целым с монетами, которые она описывает. Бывает небольшое отклонение в надписи или рисунке поднимает ценность монеты в десятки и сотни раз, а златники чеканились бронзовыми штемпелями, которые быстро изнашивались, по этому среди этих монет практически нет одинаковых.

Первоначально найденные златники и сребреники некоторые учёные считали болгарскими или сербскими монетами, но в 1852 году был найден знаменитый Нежинский клад, и стало ясно их русское происхождение. Удалось прочесть и надписи на монетах - "Владимир, а се его злато" на золотых и "Владимир, а се его сребро" на серебряных. Монеты эти свидетели великой эпохи, когда варяжские князья объединяют славян в могучее государство, соперничающее с Византийской империей. Тех времен, когда Владимир Великий берёт в жёны византийскую принцессу Анну и крестит Русь. Выпуск в те годы Киевской Русью монет имел не только экономический, но и политический смысл, ознаменовавший наивысший расцвет Киевской державы.

Копеечная история

На полу лежит копейка, подними её скорей-ка. Этот детский стишок вспомнился мне при виде того, как на улице под ногами десятков людей валяется никому ненужная копеечная монетка. А ведь были у неё и другие времена - копейка, если разобраться, принадлежит к царскому роду! Первые копейки появились в 1534 году, когда Иван Грозный был ещё ребёнком, и летописи тех лет писали, что стали делать новые деньги с изображением «государя великого князя на коне имя копье в руке, и оттого прозвали деньги копейные». Действительно первые копейки, это кусочки серебра весом 0,68 грамма по форме напоминающие арбузные семечки имели изображение царя в виде святого Георгия на коне поражающего копьём змия.

Нашего человека трудно удивить новой денежной реформой, его скорее поражает то, что американец может свободно расплатиться банкнотами почти столетней давности, а вот копейка продержалась в своём практически неизменном виде, лишь немного теряя в весе, почти 200 лет. Какое смутное время бы не стояло никто из наших предков живших в допетровский период не думал изымать из обращения деньги выпущенные интервентами или самозванцами. Клады тех лет - это обычно целая коллекция копеечных монет столетнего периода. Стабильные деньги (а копейка, в течение 120 лет, была самой крупной монетой, не смотря на войны и потрясения) способствовали укреплению государства. Что же можно было купить на копейку в XVI веке? Пуд ржи стоил 5 копеек, т. е. на 1 копейку 3 кг, топор - 7 копеек, замок - 5-10 , корова и лошадь шли по рублю, одежда (по сравнению с зерном и инструментом) стоила нёдёшево - простая сермяга обходилась крестьянину в 20-40 копеек.

Носили в те времена деньги в кошельке за поясом. Если малая сумма - клали, чтобы не потерять, за щеку. Хранили их тогда в кубышках, в случае опасности зарывали в землю. Какая же средняя величина кладов тех времён? Обычно от 300 до 900 монст, т.с. 3-9 рублей. Если перевести на коров с лошадями - вроде неплохо, если на рубахи то так себе.

Больше всего ценятся среди коллекционеров копейки, отчеканенные из золота как военные награды, а так же золотые копейки Лжедмитрия и Василия Шуйского. На зарубежных аукционах цена их порой превышает тысячу долларов.

Всё сказанное до сих пор относилось к копейке допетровского времени. В 1704 году Петр I провёл коренную денежную реформу - копейка стала выпускаться из меди и увеличились в размере.

Вы поняли, что нынешняя украинская копейка имеет славное и интересное прошлое. Сейчас они выпускаются из нержавеющей стали, прочные и блестящие. И не надо на копейку смотреть с пренебрежением. Среди украинских копеек, выпущенных недавно, тоже есть редкие. Особенно среди первых выпусков. Их ищут коллекционеры. И возможно именно такая монетка лежит у тебя в кармане?

Откуда ты, гривна

В Большой советской энциклопедии можно прочесть: "Гривна, денежно-весовая единица Древней Руси и других славянских стран. Название происходит от украшения из золота или серебра в виде обруча, которое носили на шее (на загривке) и использовали в качестве примитивных денег". Сначала гривна была только украшением. К примеру в районе Крыма обнаружили сокровища сарматской царицы Амали. Более ста золотых предметов обнаружили специалисты в саркофаге, но для нас вызывает интерес гривна царицы – шейное украшение весом 922 грамма из кованой золотой   проволоки.

Позже гривна стала не только украшением, но и наградой за воинскую доблесть. И вот - гривна платёжное средство и мера веса.

В киевской Руси с XI в. в обращении были Киевские серебряные гривны шестиугольной формы весом около 140 – 160 г.. Они служили единицей платежа и средством накопления до монголо-татарского нашествия. Потом их сменили Новгородские гривны весом примерно 205 граммов, они делились на 48 золотников, а две гривны составляли русский фунт. Гривна была весьма крупной денежной единицей. Если перечитать летописи, то можно узнать, что в те времена за одну гривну можно было приобрести чёлн-струг, а за три гривны – заморскую ладью. Для мелких платежей тогда использовали шкурки животных и разные мелкие предметы, включая даже раковины каури, которые на Руси называли «змееголовками» из-за их формы. Термин "рубль" возник в XIII веке в Новгороде. Так стала называться половина разрубленной гривны. Постепенно рубль (по-украински "карбованец") вытеснил гривну.

Вернулось слово "гривна" или по-украински "гривня" в 1917-1920 голах во времена Украинской Народной Республики, гетмана Скоропадского и Директории. За эти годы только центральным правительством было отпечатано 24 вида денежных знаков с названиями - гривна, карбованец, шаг.

Один карбованец равнялся двум гривнам, в одной гривне было сто шагов. Поступления денег были нерегулярны, в стране разгоралась гражданская война. В этих условиях денежное обращение не могло быть стабильным, деньги обесценивались, появлялось много фальшивок.

В "Белой гвардии" М. Булгакова инженер Лисович, которому братья Турбины дали шутливое прозвище Василиса, имел дело со знаками государственного казначейства, выпущенными Центральной Радой в начале апреля 1918 года. Купюры, смущавшие Василису потому, что среди них было много фальшивых , печатались по эскизу художника А. Красовского до конца марта 1919 года в Киеве, затем в Одессе - до мая 1919 года.

Современная украинская гривна. Один из первых выпусков. На ней князь изображен безбородым. Позже учли замечания историков и князья на гривнах стали бородатыми.

Петровская реформа

В нынешней эпохе перемен неплохо было бы обратить свой взор в глубь истории, ибо умён тот, кто учится на своих ошибках, но тот, кто может учиться на чужих ошибках, не просто умён, он - мудр.

Реформы Петра I коренным образом преобразуют буквально все стороны жизни русского государства и русского народа, всего не перечесть! К основным из них следует отнести упрощение алфавита, замена летоисчисления, создание Сената, реформа в армии и строительство флота. В то время как действия Петра часто носили стремительный, а иногда и безудержный характер, поражает как тщательно, продуманно и, я бы даже сказал, бережно происходила денежная реформа. Может быть какое то отношение к этому имеют те впечатления, которые получил Пётр посещая лондонский монетный двор ,начальником которого в то время был знаменитый Исаак Ньютон, а скорее всего здравый смысл и жестокая необходимость покрытия все растущих военных расходов (сам Пётр называл деньги «артериею войны»).

То, что денежную систему надо менять, ясно было давно. Маленькая серебряная копеечка, являясь практически единственным денежным средством, сыграла уже свою роль в унификации и объединении денежного хозяйства Руси, изжила себя. Она была слишком велика для мелких платежей и слишком мала для крупных. Только подсчёт денег при торговых операциях занимал иногда несколько дней. К тому же она быта малопригодна для международных платежей. Еще в 1654 году правительство царя Алексея Михайловича, пытаясь произвести реформу, выпустило медную копейку и другие монеты, но из-за спешки и непродуманности действий властей население отказалось принимать новые деньги и закончилось всё это Медным бунтом.

Памятуя о печальном опыте своего батюшки, Пётр на первом этапе денежной реформы медную копейку не выпускал вообще, постепенно снижая вес серебряной копейки. Выпускались «мелкие» деньги, составляющие части копейки:это ½ копейки - деньга, ¼ - полушка и даже 1/8 – полполушка. Главные же герои -медная копейка и серебреный рубль, появились лишь в 1704 году. Стройная система, в которой 100 копеек равны 1 рублю, а рубль соответствует по весу основной иностранной монете – талеру, была в основных чертах закончена. Такая простая и удобная система денежного счёта появилась впервые, Россия была в этом деле новатором. Следующей страной, оценившей преимущества такого счёта, станет Америка, когда 1 доллар приравняют к 100 центам, но будет это гораздо позже, лишь в 1792 году. Как ни хотелось Петру «покончить со старыми вшами», так называл он серебряные копейки, чеканку их благоразумно не прекращали до 1718 года. И так денежная реформа Петра проходила постепенно в течение примерно 15 лет и дала стране самую передовую систему денежного счёта. Как тут не вспомнить современность, когда за 10 лет реформ на Украине, самостоятельности было проведено две денежных реформы, в результате чего экономическая стабильность так и не достигнута, а такие очевидные нонсенсы, как удивительная похожесть одно и двадцати гривневых купюр, способны радовать только мошенников. Есть чему поучиться у предков.

Не все деяния Петра протекали гладко, не все реформы удались, но тем ценнее и поучительнее для нас его удачные начинания, как сказали бы сейчас, «инновационные технологии». В этот период, считает историк Сергей Михайлович Соловьёв, в жизни русского народа произошёл переход из одного возраста в другой - из возраста, в котором преобладает чувство, в возраст, в котором господствует мысль.

Банкноты

БОНИСТИКА, коллекционирование банкнот и ценных бумаг, которые носят название «боны». Слово «боны» понимается коллекционерами и исследователями трояко: (1) как «бумажные денежные знаки», (2) как обозначение денежных знаков, выпускавшихся не эмиссионными банками, а другими организациями и частными лицами, (3) как денежные знаки, вышедшие из употребления. Коллекция бон — важная наглядная иллюстрация к истории денежного обращения.

Какие только

деньги не встречаются в мире

Это и русские кожаные деньги для Аляски, и "адские деньги" для покойников, которые выпускают китайцы, и румынские леи с окошечком для разглядывания проходившего в год их выпуска солнечного затмения, деньги, напечатанные на игральных картах и винных этикетках. Космические деньги, деньги юморин, боны и чеки, выпускаемые организациями и предприятиями, колхозами и буфетами - чего только не встретишь в этой жизни.

Банкноты-марки на тюленевой коже. Выпускались в Петербурге для нужд Российско-Американской компании на Аляске.

Особое место в этом перечне занимают так называемые "детские деньги". Детские деньги это деньги выпускаемые, обычно, какой либо детской организацией для своих юных сограждан. - Если помните, с такими деньгами мы встречались ещё в книге Марка Твена "Приключения Тома Сойера".

Там в церкви детям за каждый выученный стишок давали талончик. Талончики были разных достоинств. Это была довольно ходовая валюта среди ровесников Тома, так как если ты мог набрать нужное их количество, то получал прекрасно иллюстрированную Библию.

Как превратить бумагу в золото

Китайцы не только изобрели компас, фарфор, бумагу, порох и много других полезных вещей. Они нашли своим изобретениям всякие интересные способы применения. Из бумаги и пороха делались ракеты для фейерверков, изготовлялись хлопушки. Из одной бумаги делались фонарики, гирлянды, серпантин, конфетти. Но уже с давних времён китайцы задумывались, а нельзя ли превратить бумагу в какой-нибудь более ценный материал, например в золото. Думали они почти тысячу лет и, как не странно, придумали.

Видели Вы когда-нибудь старинные китайские монеты?

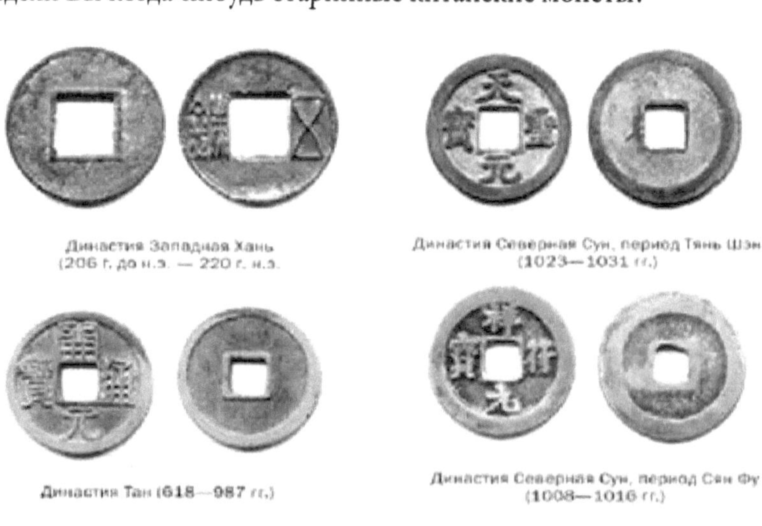

Династия Западная Хань
(206 г. до н.э. — 220 г. н.э.

Династия Северная Сун, период Тянь Шэн
(1023—1031 гг.)

Династия Тан (618—987 гг.)

Династия Северная Сун, период Сян Фу
(1008—1016 гг.)

В середине каждой монеты дырочка. У нас тоже в старину делали дырочки на монетах, но делали их люди сами, чтобы можно было носить монеты как украшения, в виде серёг, пояса или мониста. А китайские монеты уже сразу делали с отверстием и вот за чем. Так как монеты были бронзовые, то для больших платежей их требовалось много, и из них делались связки. Так было легче большие суммы монет считать, хранить и перевозить. Но всё равно носить с собой несколько связок таких денег, было тяжеловато, а если платёж был большой, то без повозки порой было не обойтись. Когда люди брали деньги в долг, они давали расписку. Порой, чтобы не носить тяжёлые связки с монетами, расписки использовались вместо денег во время платежей. Эта форма оплаты стала настолько распространенной, что один из императоров догадался выпустить расписки от имени государства. Так появились первые бумажные деньги.

В своих трудах о путешествии в Китай венецианец Марко Поло писал, что в то время как Европейские алхимики пытаются превратить в золото различные металлы, китайские императоры научились превращать в золото обыкновенную бумагу. Он имел в виду бумажные деньги, которые уже в XIII веке были широко распространены в Китае. Семнадцать лет пожил путешественник в Китае, но не перестал удивляться этому удивительному изобретению. Деньги имели четырехугольную форму и были снабжены особыми знаками и печатями. Изготовлены они были весьма искусно. Эти банкноты обладали различной покупательной способностью и под страхом смертной казни были обязательны к приему. Это были первые бумажные деньги.

Великого путешественника считали фантазёром, ведь в Европе не было ещё бумаги. Но жизнь подтвердила его правоту, и через два столетия бумажные деньги начали печатать в некоторых европейских странах.

На территории Украины бумажные деньги появились лишь в 18 веке при Екатерине II. Первые проекты их введения были ещё при Петре I, но были весьма критически встречены Сенатом. Однако необходимость реформы денежной системы привели к тому, что в 1769 году в России были выпущены ассигнации - бумажные денежные знаки номиналом в 100, 75, 50 и 25 рублей. На них изображались военные атрибуты (ядра, пушки, знамена) и эмблемы торговли. Вскоре после выпуска пришлось отказаться от купюр номиналом 75 рублей, так как нашлось немалое количество умельцев переделывать 25-рублевую купюру в 75-рублевую.

В 1786 году Екатерина II выпустила новые купюры номиналом в 5 (на красной бумаге) и 10 рублей (на синей). В 1818 году уже при Александре I в обращение поступили 25 и 50 рублевые ассигнации, затем в 1819 году - 5, 10, 25, 50, 100 и 200 рублевые. Выпускались они до 1843 года. Оформлены они были в стиле классицизма. С 1841 года, в России одновременно обращались бумажные денежные знаки 3-х видов: ассигнации, депозитные и кредитные билеты. Денежное обращение было запутанным. Начиная, с 1843 была проведена реформа и выпущены новые денежные знаки номиналом от 1 до 100 рублей. Результатом реформы стала унификация денежной системы России, при которой серебряный рубль служил основой денежного обращения, и свободно обменивался на бумажные деньги. Особый интерес для коллекционеров представляют собой банкноты-марки, которые были отпечатаны на тюленевой коже в 1847-1852 годах — во время существования Русско-американской компании на Аляске. Эта компания обладала правом монопольного пользования промыслами и ископаемыми. Банкноты отпечатаны в Экспедиции изготовления государственных бумаг в Петербурге.

В 1887-1895 годах были выпущены Государственные кредитные билеты новых образцов 1, 3, 5, 10 и 25 рублей. А в 1895-1897 годах министр финансов Витте С.Ю. провел денежную реформу. Государственные кредитные билеты, выпускаемые после реформы, свободно разменивались на золотые монеты, о чём красноречиво свидетельствовала стоящая на них надпись. Деньги были выполнены очень качественно на высоком полиграфическом уровне. Население в те годы предпочитало брать бумажные купюры, которые было удобней хранить, а не золотые монеты, которые легко терялись. Так бумажный рубль стал одной из самых ценимых и уважаемых валют мира. Это потом война и революция превратят опять деньги в бумагу.

Как отреставрировать старую банкноту

Очень просто! Для этого надо сначала опустить минут на 20 -25 в теплую воду, чтобы бумажная масса разбухла. Потом положить на ровную поверхность и намылить мылом, и мягкой щеткой или тряпочкой потереть по всей поверхности, чтобы снять грязь и жир. Эта процедура повторяется и для следующей стороны боны. Когда все это будет сделано, надо бону сполоснуть под проточной водой и разложить на стекле, а после этого мягкой тряпочкой разровнять все загнутые и перегнутые части боны, сверху покрыть другим стеклом и положить подо что-то тяжелое. Примерно через 30 минут между боной и верхним стеклом положить картон и опять поставить под тяжелое. Через 10 часов бона будет выглядеть как новая. После такой процедуры бона не теряет никаких свойств

Почтовые марки

ФИЛАТЕЛИЯ (от греч. phileo люблю и atelia освобождение от оплаты, сбора, пошлины), коллекционирование (собирание, изучение и систематизация) знаков почтовой оплаты. Термин «филателия» введен в 1864 французским коллекционером Г. Эрпеном.

И увлечение и бизнес

Первая почтовая марка была выпущена в Англии 6 мая 1840. Называлась она "Черный пенни". Марка "Черный пенни" может

стоить от 50 до 2750 фунтов. "Синий пенни" дороже он стоит от 300 до 5800 фунтов.

Объектами филателии являются наклеиваемые почтовые марки и марки гербового сбора, цельные вещи (конверты, карточки, формуляры с напечатанными почтовыми марками), оттиски календарных, рекламных, специальных и других почтовых штемпелей, включая оттиски франкировальных машин, телеграммы, почтовые формуляры, квитанции, наклейки и ярлыки, а также другие материалы, относящиеся к различным аспектам деятельности почтовых ведомств и администраций.

Филателия как область человеческих увлечений или занятий возникла во второй половине 1840-х гг. после появления почтовых марок.

В России в 1856 были выпущены почтовые марки для Великого княжества Финляндского, а с 1 января 1858 первые русские почтовые марки поступили в обращение на всей территории Российской империи. В 1865 право выпускать собственные почтовые марки было предоставлено земским управам для оплаты корреспонденции, пересылаемой в границах уездов.

Самые известные марки

Большинство самых дорогих марок в мире это марки Британского Содружества.

"Британская Гвиана". Долгое время считалась самой редкой и дорогой маркой в мире. Красная одноцентовая марка 1856 года с обрезанными углами, имеющая вид восьмиугольника.

История ее появления такова. В 1856 году колония Британская Гвиана оказалась без почтовых марок. Не дождавшись марок из метрополии, начальник почтового отделения попросил редактора местной газеты напечатать марки для газет и писем. Марки были напечатаны на бумаге низкого качества черными чернилами на цветной бумаге. Марки изображали парусное судно с названием колонии " Британская Гвиана " и Латинского девиза " Damus Petimus que Vicissim ". Каждая марка была подписана служащим почтового отделения, как мера безопасности против возможных подделок. Производство этих марок длилось очень недолго. В 1873, 12-летний мальчик обнаружил марку в один цент "Британской Гвианы", отмеченную штемпелем от 4 апреля 1856 на чердаке своего дома. Позже он продал марку за незначительную сумму. За эти годы стало очевидно, что эта марка уникальна, единственный в мире экземпляр, поскольку другие не обнаружены. В 1980 она была продана приблизительно за 1 млн долларов, с тех пор в продажу на аукционы не выставлялась и сегодняшнюю ее стоимость оценить практически невозможно.

"**Голубой Маврикий**". Стоимость уникальных колониальных марок может быть огромной. Например, почтовая марка, отпечатанная на острове Маврикий в 1847 году, на которой вместо надписи Post Paid появилась надпись Post Office, может стоить на аукционе от 15 миллионов долларов. Сегодня в мире есть 28 экземпляров этого раритета. Один "Голубой Маврикий" находится в британской королевской коллекции.

Другие самые дорогие марки мира это:

Марка "**Святой Грааль**". Голубая одноцентовая марка 1868 года с изображением президента США Франклина. В мире есть только две таких марки. Нынешний владелец одного из экземпляров получил ее в обмен на другую уникальную марку - "Дженни", ранее приобретенную за 2,9 млн долларов.

«**Желтая шведская марка**». Марка 1855 года достоинством 3 скиллинга в отличие от аналогичных выкрашена не в зеленый, а в желтый цвет. В мире имеется в единственном экземпляре. В 1996 году была куплена на аукционе за 2,27 млн долларов.

"**Дженни**". Блок из четырех марок, выпущенный в 1918 году в США. В процессе их производства был допущен дефект, в результате чего изображение аэроплана Curtis-Jenny на марках оказалось перевернутым.

НЬЮ-ЙОРК - редкая марка «Дженни» продана на аукционе за $525,000. Это самая большая цена за марку 20-го века в США.

Согласно данным компании Stanley Gibbons, мирового лидера филателистического рынка, в течение последних 5 лет ежегодное увеличение стоимости марок составило 11,7%.

Редкие русские марки тоже пользуются постоянным спросом у филателистов.

Например, первая русская марка достоинством в 10 копеек, выпущенная в 1857 году, может стоить до 120 000 российских рублей. Это если она будет не гашеная. Если же ее погасили росчерком пера, то стоить она будет всего 4500 рублей, если погашена она будет пером и штемпелем то - 6000 рублей, а гашеная одним штемпелем - 8000. На конверте стоимость тех же гашеных марок значительно возрастает до 30000, 60000 и 80000 соответственно.

Выпущенная в следующем 1858 году тридцатикопеечная марка может стоить до 100000 рублей. Естественно тоже не гашеная. Гашеная будет стоить уже 35000 рублей. Марки достоинством десять и двадцать копеек этого же года подешевле.

Дорого стоят ранние марки для телеграфных отправлений. Двадцатикопеечная марка 1866 года может стоить до 150 000 рублей!

Телеграфные марки

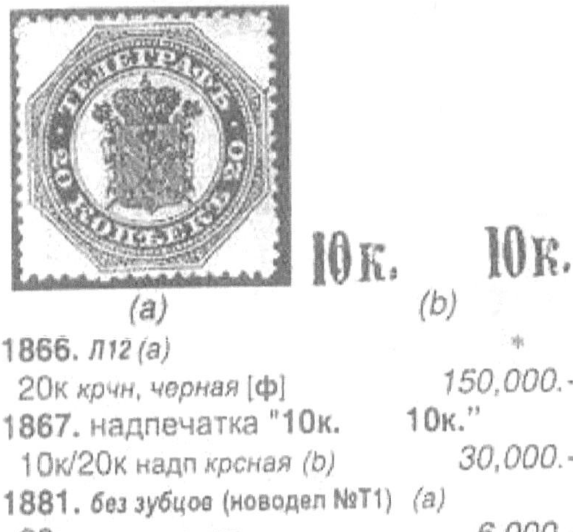

Конечно, при оценке таких раритетов без консультации специалиста не обойтись. Есть масса факторов, которые новичку кажутся малозначительными, но они могут повышать и понижать цену марки в десятки и сотни раз. К тому же среди редких марок попадается огромное количество фальшивых. Подделывать русские марки периода 1902 - 1917 годов нет смысла, так как цена негашеных марок обычно меньше доллара, а гашеные стоят еще дешевле. Но и тут есть исключения. Например, марки-деньги достоинством в 1 и 2 копейки без надпечатки. Марки-деньги ввели, когда начал ощущаться дефицит медной монеты. Сначала номинал в 1 и 2 копейки печатали без надпечатки. Но население при расчетах их путало с более крупными номиналами похожих расцветок. Поэтому мелкие номиналы стали выпускать с надпечатками.

Среди советских марок следует обратить внимание на следующие марки и блоки:

"Эсперанто", Дирижаблестроение", "Наградной знак филателистов", "Авиапочта", "Всемирная спартакиада", "Реконструкция Москвы", "Всесоюзная сельскохозяйственная выставка".

Блоки: "Снятие блокады", "Слава Сталинграду", "29-я годовщина революции".

"Волго-Донское судоходство", "Виды Ленинграда". "50-летие со дня смерти Савицкого", "Ломоносов". Синий беззубцовый космический блок 1962 года, полярный блок с надпечаткой этого же года, и марки на фольге 1961 года. Каждая из них имеет свою историю и по этому ценится коллекционерами.

Известно, что в 1932 г. была изготовлена способом фототипии серия "Трудящиеся - в Автодор", однако в обращение она не была выпущена. Причины, по которым марки были не выпущены нам неизвестны, однако ходят слухи, что это произошло под влиянием романа Ильфа и Петрова "Золотой теленок", где юмористически рассказывалось об автопробеге.

Особую привлекательность для коллекционеров имеют дефектные экземпляры. Случайная ошибка в надписи или искаженное изображение резко поднимают марку в цене, особенно если учесть, что бракованные тиражи обычно уничтожаются, а уцелевшие экземпляры тут же объявляются раритетом.

Марки Одессы

Откуда берутся редкие марки. На примере марок одного города.

О них писать и легко и сложно одновременно. Легко, потому что марок, связанных с Одессой не так много, а сложно, так как многие из их ценителей и собирателей живут за границей. С нашими же антикварами, когда начинаешь разговор о марках, они отмахиваются от тебя как от назойливой мухи. Мол, марки - это мелочь, не стоящая внимания.

Отчасти они правы. Времена, когда каждый второй мальчишка собирал марки, прошли. Марок много. Недавно в общество коллекционеров кто-то притащил целый ящик старых почтовых марок. Любой мог покопаться в этой куче и купить понравившуюся ему марку за 15 копеек. И говоря по-одесски, чтоб был какой-то ажиотаж, так нет.

Марки - это не тот товар, который продают на килограммы, это - маленькая золотая рыбка, которую очень сложно поймать. А когда речь идёт об одесских марках, рыбка эта становится бриллиантовой.

Одни из самых интересных и известных одесских марок это марки земской почты. Выпущены они были в 1872 году. На них изображен герб города и номинал. Их две достоинством в 2 и 5 копеек. Изображения этих марок использованы на открытках, посвященных филателистической выставке в Одессе в 2002 году, и на современной марке, выпущенной на Украине. На заграничных аукционах максимальная цена на марку земской почты Одессы составляла 35 долларов.

Есть интересная дореволюционная одесская марка, посвященная Всемирной международной выставке. Её я видел в музее личных коллекций имени Блещунова. Когда в начале первой мировой войны стала ощущаться нехватка разменной монеты, в Одессе стали выпускать так называемые марки-деньги.

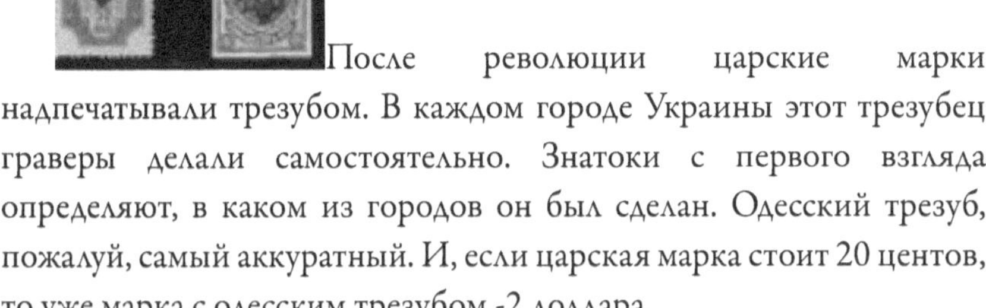

После революции царские марки надпечатывали трезубом. В каждом городе Украины этот трезубец граверы делали самостоятельно. Знатоки с первого взгляда определяют, в каком из городов он был сделан. Одесский трезуб, пожалуй, самый аккуратный. И, если царская марка стоит 20 центов, то уже марка с одесским трезубом -2 доллара.

В советское время были выпуски марок, посвященные различным событиям в жизни нашего города. Есть и не почтовые марки одесской тематики. Кое-кого может быть удивит термин "не почтовая марка".

Сейчас объясню. Так называют марки, не предназначенные для оплаты почты. Помните те марки, что клеили нам в профсоюзные билеты или марки "общества охраны памятников старины". Все это типичные непочтовки. Есть люди ,которые их собирают и платят за них неплохие деньги.

Очень интересна серия марок, которые выпустили румыны в честь захвата нашего города.

На них надпись, которая в переводе с румынского обозначает - "конец большевизма". Румыны поторопились - большевизм скончался значительно позднее.

А теперь о самых дорогих марках, связанных с Одессой. Как-то гуляя по просторам Интернета, я наткнулся на такое объявление:

«Продаю пять марок польского офиса в Одессе».

Что за "польский офис" я не знал. О нём я слышал впервые. Но более всего меня поразила цена - две с половиной тысячи американских долларов. Чтобы узнать поподробнее, я написал письмо своему знакомому. Этот знакомый

- бывший одессит - уже давно жил в Штатах и хорошо разбирался в особенностях антикварного рынка. Вскоре я получил ответ. Знакомый писал, что польский офис в Одессе был в 1919 году. Марки польского офиса - это марки Польши тех времен с надпечаткой "Odessa". На его взгляд цена, которую просили за эти марки в объявлении несколько завышена, но он был бы благодарен, если я бы поспрашивал: нет ли этих марок на конвертах у кого-нибудь из одесских коллекционеров. Еще он просил не пугаться, когда мне скажут цену. Это меня заинтриговало больше всего, и я согласился.

Я ходил от одного знакомого коллекционера к другому, из одного антикварного магазина в другой, и все напрасно. Одни ничего неьзнали об этих марках и были удивлены моим настойчивым интересом, другие же явно знали, но предпочитали ничего не говорить. Прямо заговор молчания какой-то! Но это еще больше разожгло мое любопытство.

Вообще-то в коллекционировании знания - это такая вещь, которую легко превратить в деньги. Поэтому собиратели совсем не спешат ими поделиться.

Вспоминаю такой случай. Вы помните, на Греческой площади был магазин для коллекционеров? Чего там только не было! Модели пароходов африканские маски, армии солдатиков, минералы и раковины. Это уже не говоря о монетах, открытках, марках и банкнотах. Возле магазинчика постоянно крутилась стайка пронырливых собирателей, стремящихся перехватить самые интересные экземпляры еще до того как они будут сданы в магазин. Более того, приемщик в магазине заметил, что ряд этих "перехватчиков" даже не удосуживаются оценить вещь. "Перехватчик" просто договаривается, что даст человеку, сдающему вещь цену, чуть превышающую ту, что ему дают в магазине. Потом они часто опять предлагали эту вещь приемщику, но за цену, в полтора раза превышающую начальную. Больше всего при этом магазин страдал при покупке марок. Дело в том, что когда приносят коллекцию марок, оценить ее очень трудно. У одной марки может быть множество разновидностей, отличающихся друг от друга оттенками цвета, зубцовкой, водяными знаками и мелкими деталями, различить которые можно лишь в сильную лупу. Но цена из-за этих деталей бывает меняется в десятки, а иногда и в сотни раз. В коллекциях же марки порой исчисляются тысячами. Оценка такой коллекции по каталогам длится часами. А после всей проделанной работы основную выгоду получал "перехватчик".

Приёмщику в магазине все это надоело, но вступать в открытую схватку он не захотел и придумал хитрый ход. Он набил огромный альбом старыми марками, стоимость которых была порядка 20 долларов. Договорился со своим знакомым, и тот принес этот альбом к нему в магазин. Стоящие как бы невзначай у прилавка "перехватчики" прекрасно слышали, как приемщик предложил за альбом 400 долларов и, не задумываясь, отдали за марки 420. Через некоторое время они принесли ему этот альбом за 500, но он только рассмеялся в ответ. Через некоторое время приемщик проделал эту же шутку, но уже с другим знакомым и с другими марками. После этого любителей воспользоваться чужими расчетами поубавилось.

Но я несколько отвлекся от истории с польским офисом в Одессе.

Через некоторое время бесплодных поисков мне удалось разговорить одного

старого коллекционера.

-Молодой человек, - сказал он мне.- Я в свои почти пятьдесят лет был для него молодым человеком.

-Вам вряд ли кто-то что-либо скажет о «польском офисе».

-Почему? - удивился я.

-Это не просто конверт с марками. Речь идёт о трехкомнатной квартире на Французском бульваре. Вы меня понимаете?

-Нет, - откровенно признался я.

-Стоит цельная вещь с такими марками как квартира, и даже если у кого-то

это есть, то он вряд ли станет трепаться с первым попавшимся, - сказал коллекционер.

-Отчего же конверт с марками стоит так дорого? - спросил я.

-Во- первых, не дорого, а столько сколько он стоит. Не удивляетесь же вы, когда платят суммы и побольше за "розовую Гвиану" и "голубой Маврикий".

Я промолчал.

- Хотя может быть, что вы об этих знаменитых марках тоже ничего не знаете и слово "голубой" вызывает у вас совсем другие ассоциации?

Я лишь усмехнулся в ответ.

- А во-вторых, - продолжал он, - среди "польских офисов" столько подделок, что каждый, кто коллекционирует эту тему, мечтал бы о цельной вещи. Это в какой-то мере защита от подделки, но конверты хранят редко, и поэтому их стоимость возрастает в десятки раз. Я лично не встречался с такой вещью ни разу. Да и так как эти письма отправлялись из Одессы, то искать их следует в Польше.

Да, подобная находка так же редка, как научное открытие. Поэтому я отказался от поисков. Может быть зря? Ведь может случиться, что у какой-то "паненки" в сундучке среди старых писем до сих пор хранится конверт с заветными марками.

А может быть, он есть и у Вас, любезный читатель? Кто знает?

О жетонах и не только

Как-то, в Интернете, я зашел на сайт с аукционами. Захотелось узнать, что же из отечественных товаров пользуется вниманием западных коллекционеров. Удивлению моему не было предела. Наибольший интерес вызывали жетоны. Жетон харьковского метрополитена, который у меня валяется в коробке вместе с пуговицами, оценен был в пять долларов. Нормально. А главное уже отметился один покупатель готовый эту сумму заплатить. Еще предлагают современный украинский жетон для автоматической камеры хранения. Я, проживая в двух шагах от вокзала, и не знал о таких. А если б увидел такую невзрачную железку, валяющуюся на улице, то наверное бы не поднял. А тут целых десять долларов...

Помню, в пору моего детства, когда я чуть-чуть собирал монеты, самыми никчёмными приобретениями считались старые жетоны. Если кто не знает, так жетон это некое подобие монеты, которое выпускалось каким – нибудь частным или государственным предприятием. Это было явление достаточно распространенное. К примеру, слово «лопатник»- это вовсе не жаргонное название кошелька или бумажника. Лопатник – специальный кошелёк для официантов до революции. Одно отделение его предназначалось для денег, а другое - для жетонов. Жетонами официанты расплачивались с поварами на кухне. Всё это делалось, чтобы улучшить учёт и избежать злоупотреблений. Есть жетоны, которые выпускались столовыми и кафе, заводами и училищами, ресторанами и казино. Выпускали их и как платёжное средство для внутренних расчётов, и как памятные знаки к юбилею. Так вот, когда нам в те далёкие годы попадался подобный жетон, мы всеми силами стремились от него избавиться, обменяв на что-то путное. А попадались довольно интересные экземпляры, например, жетон, выпущенный одесским цирком, или знаменитым кафе Фанкони.

Чаще они всего они были круглые, но попадались и четырёхугольные жетоны, выпущенные училищем Святого Павла. Но появился Витя Корченов, который стал собирать их и классифицировать. Вышла его книжка «О чем поведала медаль» где есть фотографии нескольких жетонов. Потом, несмотря на то, что он уехал в Америку, вышла его вторая книжка об одесских медалях и жетонах. И собирать жетоны стало модно и престижно.

А выпускались жетоны мизерными тиражами. Обычно тираж исчислялся несколькими сотнями, реже несколькими тысячами экземпляров. До нас же вообще дошли единичные экземпляры. Вот и гоняются коллекционеры за раритетами. Цена любого более-менее интересного экземпляра из старых одесских жетонов уже долларов десять и постепенно поднимается выше. Самыми известными среди первых советских жетонов можно назвать первый выпуск, предназначенных для похода в метрополитен через специальные кассы-турникеты, в связи с предстоящим вводом в эксплуатацию первого в стране московского метро имени Л. М. Кагановича. Кто теперь помнит что сначала метрополитен был не имени Ленина, а Когановича? "Правда" писала: В марте 35 года коллектив трудящихся Ленинградского монетного двора получил срочное правительственное задание: отчеканить 3 миллиона экземпляров жетонов для оплаты проезда пассажиров. Чтобы население не путало жетоны с монетами, в середине кружка

пробивалось круглое сквозное отверстие".

В Украине жетоны использовали - "Булочные автоматы". Люди постарше их хорошо помнят. Появились они в шестидесятых годах. Ты заходил в такую булочную и сначала покупал специальные жетоны с номерами. Потом уже шел к автомату и, бросив в него жетон, получал хлеб. Преимущество такой торговли заключалось в том, что продавец уже был не нужен, его заменял автомат. Этот опыт хотели распространить на всю советскую торговлю. В печати появлялись статьи, в которых обсуждалось сколько это мероприятие высвободит рабочих рук и насколько такая торговля гигиеничней. Был выпущен даже специальный документальный фильм об этом. Но как всегда одного фактора не учли. Ракеты у нас были хороши, а на выпуск качественных торговых автоматов сил уже не оставалось. Автоматы постоянно ломались. Для ремонта требовались хорошо обученные механики, которых постоянно не хватало. Продавщицу обучить значительно проще и от "булочных-автоматов" постепенно отказались. Так как не много было желающих унести с собой вместо буханки хлеба странного вида жетончик, то такие жетоны встречаются не часто. То же самое произошло с билетами, папиросными пачками, листовками и прочими вещами, интерес коллекционеров к которым перевёл их из разряда ненужного хлама в разряд антикварных редкостей. Вот дореволюционный, трамвайный билетик и тех же времён одно-рублевая банкнота. Давайте, сравним их стоимость тогда и теперь. Тогда на 1 рубль можно было купить 20 билетов, хотя можно было и не покупать, а просто набрать ворох использованных билетов на любой трамвайной остановке. Теперь – билетик стоит гривен 20, а за мятую царскую рублёвку больше гривны вряд ли кто даст. Соотношение поменялось, за билетик даётся 20 рублёвых бумажек. И не мудрено. Деньги, пусть и обесценившиеся хранят, наверное, все, а билетики сохранились разве что в старых книгах вместо закладок. Вот так обычная вещь с годами превращается в вещь коллекционную, имеющую не только историческую, но и коммерческую ценность, зачастую не малую. Так что если Вы прямо сейчас начнете собирать то, что другие собирать пока еще не додумались, а потом напишите об этом книгу, то вы имеете шанс передать своим наследникам коллекцию, которая стоит хороших денег.

Меняю метеорит на паровозик

Как Вы думаете, что собирают коллекционеры за границей? Ну, ну, не напрягайтесь, все равно не угадаете. Да, уважаемый читатель, это мы с вами традиционно думаем, что там собирают монеты, марки, спичечные этикетки, в конце концов. Нет, это всё в прошлом. Конечно, есть еще чудаки, которые собирают и эти, традиционно интересные для коллекционеров, предметы. Но все больше там странных людей посвятивших свою жизнь, например, коллекционированию картин, нарисованных животными. Или скупают замки с привидениями. Но денег на замки все же не у всех, наверное, хватает, да и призраков не так-то уж много осталось, особенно если учесть последние успехи в лечении психических расстройств. Да и коллекционируют чаще вещи материальные, где в малом объеме сосредоточена высокая ценность. Поэтому хочу обратить ваш просвещенный взгляд на огромный интерес к метеоритам. Для чего их скупают, платя порой за грамм баснословные деньги? Если вы думаете, что в метеоритах содержатся какие-то редкие минералы или сплавы, так вы не угадали - там обычное железо с примесью никеля. Может быть, метеориты заносят к нам следы микроорганизмов с далеких планет? И где-то в сверхсекретных лабораториях можно развести этих гадких вирусов для военных целей? Тоже нет. Все выгорает от сверхвысоких температур во время падения. Нет, метеоритами интересуются ювелиры. Кого нынче удивишь рубинами, сапфирами или даже бриллиантами? А вот невзрачный кусочек «космического камня» в дорогой оправе сразу создаст вокруг женщины ауру неповторимости и таинственности. Хотя такое украшение обходится весьма недешево, но вера в мистические свойства метеоритов живет в человеке с давних времен.

Когда карфагеняне во главе с Ганнибалом напали на Римскую империю, то римляне по совету прорицательницы обратились к повелителю Пергама. Они просили одолжить им метеорит, который хранился в храме в центре современной Турции. Назывался он «мать богов» и обладал чудесными свойствами. Со многими приключениями метеорит был доставлен в Рим. С этого момента ход войны изменился. Римляне начали одерживать победы и через некоторое время Карфаген пал.

Пожалуй, самый знаменитый метеорит - «Черный камень» - главная святыня мусульман всего мира. По преданию когда-то он был белым, но от людских грехов постепенно почернел. Именно к нему направляют свой взор мусульмане, совершая свои молитвы. Считается, что камень Бог даровал изгнанному из рая Адаму после его раскаяния. Паломники стремятся поцеловать Черный камень, а если это не удается, то хотя бы коснуться его. Он оправлен в серебро и хранится за 286-килограммовой золотой дверью в специальном помещении - Каабе. По легенде, Каабу построили Авраам и его сын

Исмаил, от которого, кстати, и ведут свое происхождение жители Саудовской Аравии. Вот так мусульманские, еврейские и христианские мифы о едином Боге переплетаются. О чудесах Саудовской Аравии, запретном для христиан городе Мекке можно много написать. Некоторые подробности могут шокировать европейца. Но это тема для отдельной статьи. О Черном камне добавлю лишь одну интересую подробность - он не тонет в воде. Именно так он был опознан, после того как в 930 году был похищен. Возвратили камень в Мекку через двадцать лет в 951 году.

Видите, какое славное прошлое у метеоритов. Да и сейчас каждая приличная предсказательница в Нью-Йорке мечтает заполучить себе метеорит покрупнее. В Африке колдуны очень ценят «небесные камни». Они толкут их в порошок и лечат им соплеменников от СПИДа. Может и помогает. Но среди африканских колдунов у меня как назло нет ни одного знакомого.

Сейчас нередко метеориты продают на аукционах. Самые простые из них - железные и стоят они от 2 до 5 долларов за грамм. Каменные метеориты стоят значительно дороже. Но, чтобы быть проданным, каждый камень должен иметь специальный сертификат соответствия. Коллекционеры особо ценят «лунные» и «марсианские» метеориты. Но как они их различают, я ума не приложу. Вообще, любой метеорит штука редкая, поэтому так и ценится.

Не так давно в одной из одной из газет я прочитал странное объявление: «Меняю метеорит на старинный игрушечный паровозик». И номер телефона. Объявление меня заинтриговало, и я позвонил. Старинного игрушечного паровозика у меня не было. Но я познакомился с очень интересным одесситом. Вы знаете, что все одесситы люди не простые. Но этот меня удивил особенно. Мы подружились.

Ему уже под шестьдесят. Руки и голова у него работают хорошо, но найти инженеру в таком возрасте работу довольно трудно. Как-то он с внуком сидел в Интернете. Зашли они на сайт для коллекционеров, и товарища поразило, как много там продаётся всякой ерунды, связанной с железной дорогой. Какой-нибудь старый фонарь с паровоза или эмблема могли стоить долларов 50, а то и все сто. Особым спросом пользовались детские паровозики. Его озарило: «Буржуи больше всего любят собирать паровозики!» В одной Германии таких коллекционеров более двух миллионов. Уловив эту тенденцию, мой знакомый отослал и продал там несколько своих стареньких игрушечных локомотивов. Помните, в советское время продавались детские электрические железные дороги производства ГДР? За каждый локомотив он получал от 20 до 30 долларов и был страшно рад неожиданно свалившемуся заработку, но через месяц паровозики кончились, продавать стало нечего. Интернетовский сайт подвергся дальнейшему изучению. Оказалось, что самые дорогие и раскупаемые паровозики – самодельные, с паровым двигателем! Для бывшего военного инженера соорудить такую игрушку оказалось пару пустяков.

В паровозик заливалась вода, снизу поджигался опущенный в спирт фитиль. Через несколько минут из-под паровозика начинал валить пар. Ещё мгновенье, паровозик дёргался, и, урча и подрагивая, катился по столу. За такое изделие иностранцы, не торгуясь, отваливали 200 долларов.

Дальше – больше. Товарищ решил сделать паровозик, работающий на угле. Это оказалось потруднее.

На изготовление и эксперименты с такой моделью ушло больше двух месяцев. Получилось. Из трубы паровозика валил чёрный дым, а уголь в топку подбрасывал маленький оловянный кочегар. В кочегара был превращён перекрашенный оловянный солдатик, которому вместо ружья дали лопату, а по верх каски водрузили кепку. Паровозик был как настоящий. Ничего подобного в Интернете до этого не продавалось. Снабжённая двумя пакетиками угля, эта модель ушла за тысячу долларов.

На этом можно было бы закончить наш разговор о том, как человеческая мысль превращается в деньги. Но несколько недель назад товарищ получил из-за границы письмо.

Глубокоуважаемый сэр! – писалось там. (Чертовски приятно, когда тебя так называют.)

К сожалению, уголь, присланный Вами к паровозику, кончился. Мы пробовали топить его нашими сортами угля, но они горят не так, как надо. (Ещё бы! Как они могут гореть, если их не пропитали отработанным машинным маслом?). Не соблаговолите ли Вы продать десяток пакетиков с Вашим высококачественным углём?

Товарищ соблаговолил, по 5 долларов за пакетик. Теперь вся семья по вечерам сидит и пилит ножовками маленькие кусочки антрацита. В Донецке и не подозревают, что их уголь можно продавать по 30 гривен за сто грамм. Получается дороже красной икры. А бывший инженер занимается делом, которое ему по душе – мастерит паровозики. Чего и Вам желаю.

Два чемодана старых прищепок

Когда б вы знали, из какого сора
Растут стихи, не ведая стыда...
Анна Ахматова

Что поразительно, так это то, что странные коллекции собирают люди порой самые обычные, я бы даже сказал, заурядные. Знавал я одного бухгалтера, во всех отношениях вполне достойного человека, который от всех других известных мне бухгалтеров отличался тем, что он собирал этикетки от безопасных лезвий. И это было вдвойне странно, так как сам-то он брился электробритвой. Три с половиной тысячи этикеток из восьмидесяти стран, возможно, этот факт можно было бы внести в книгу рекордов. Знакомый автомеханик, собравший более пяти тысяч простых карандашей со всех концов света, у меня уже не вызвал удивления. Несколько больший интерес вызвал следователь, собирающий татуировки своих подопечных. Я себе представляю такую картину - вызывает следователь на допрос, просит раздеться и жадно ищет на теле заключенного заветный синеватый рисунок. И все это для того, чтобы зарисовать его и сохранить для вечности. Видели мы выставку этих татуировок в Литературном музее. Ну что ж, работники зон, когда собирали эти рисунки, думали больше не об их «художественном» назначении, цель их была чисто утилитарной: по этим изображениям легко можно было бывшего обитателя лагерей классифицировать и опознать. Французский фермер собирает волосы знаменитых людей. В его коллекции есть локон Наполеона и казненного Людовика. Уж не палач ли отрезал клочок волос на память, чтобы потом порадовать увлеченного коллекционера? Некоторые экземпляры для своей коллекции он приобретает на аукционах за пять-семь тысяч долларов. Не знаю, не знаю, меня и эта коллекция не очень удивила. Мало ли что там у них во Франции собирают? А то, что это собирает фермер, так что ж, может у него ферма в сто гектаров, и доход как с половины «Привоза». Сильнее всех меня поразил со своей коллекцией мой сосед по двору - Кузьмич. И не просто поразил, а таки убил на повал. Но что бы это понять, надо сказать о нем хоть пару слов.

Кузьмич был боцманом. Мало того, что он им стал на корабле, он им родился. Папа его был боцман, дядя его был боцман и Кузьмич с детских лет видел себя боцманом. Ходил вразвалочку во флотилию юных моряков, потом пошел плавать. А боцман на корабле - это правая рука капитана, которая управляет всеми матросами. Так что по должности своей он должен быть суров и непоколебим. И Кузьмич полностью соответствовал своей должности. А коллекционирование... Он даже сыну отказывался привозить иностранные монетки. И не из-за жадности, а «чтобы не поощрять заниматься всякой ерундой». Но сын сыном, а вот появились у Кузьмича внуки. А так как в рейсы он ходил все реже и реже, то с внуками приходилось гулять все чаще и чаще. Для прогулок он предпочитал тыльную сторону домов. Народа там поменьше, нет вечно судачащих теток на скамейках, автомобили и велосипедисты не совершают свои опасные маневры. В общем, там поспокойнее, единственно смотри, чтобы что-то из окна тебе на голову не выбросили. Ну это уж как повезет. Бывает в глухих местах под балконами неделями валяются календарики, мелкие монеты, авторучки, зажигалки, наручные часы, а иногда и будильники. Но больше всего там, конечно, прищепок. Уронив одну или даже две прищепки вниз с балкона шестнадцатиэтажного дома, Вы вряд ли побежите за ними вниз, чтобы разыскивать их среди травы и кустов. Так и лежат они, пока их кто-то не подберет. Под отдельными балконами, если палисадник там как-то отгорожен, можно найти до двух десятков прищепок. Кузьмич среди внуков на прогулках устраивал игру: кто больше прищепок найдет. Он считал, что таким образом у детей развивается внимательность и сообразительность. Количество прищепок в ящике на балконе росло с каждой прогулкой. Прищепки попадались разные - деревянные, металлические, пластмассовые. Кузьмич как человск аккуратный начал их рассортировывать по типам. Те прищепки, которых было всего по одной, он откладывал отдельно. У самой обычной деревянной прищепки, оказывается, есть более сорока разновидностей. Попадались прищепки-гиганты и прищепки-малютки, на некоторых была обозначена цена и место выпуска. Артель «Зоря» -это явно двадцатые годы, «Tulcha» - это румынская оккупация, а «РедькинЪ и К»- это дореволюционная. Первые прищепки, по всей видимости, появились еще в Древнем Египте. Как только появилась ткань, так сразу возникла потребность в ее стирке и сушке. А какая ж сушка без веревки и прищепки? Кузьмич сам не заметил как мир прищепок стал интересовать его все сильнее и сильнее. Он, и когда уходил в плаванье, не упускал случая, будучи в иностранных портах, побродить среди многоэтажек и привезти пополнение для коллекции. Случались и курьезы. В Неаполе он пытался на бельевой веревке заменить понравившуюся ему прищепку на нашу местную. Его приняли за вора, крадущего белье, и чуть не побили. Но ему удалось объяснить, что он коллекционер и Кузьмичу надарили огромный целлофановый пакет разноцветных прищепок. Сначала старый моряк стеснялся своего увлечения. Как-то не солидно в его годы вместо того, чтобы с друзьями детства сидеть попивать пиво и играть во дворе в домино, собирать какую-то ерунду. Но как-то в Гданьске под балконом высотного дома он столкнулся с благообразным старичком. Это оказался американский профессор, не то физик, не то химик. И этот физико-химик тоже оказался коллекционером прищепок! Вот это да. У них там в Штатах есть целый клуб таких странных коллекционеров. С помощью американца Кузьмич продал часть своей коллекции за рубеж. И весьма не плохо продал. Может вообще Украине переключиться на производство прищепок, пока за них коллекционеры дают хорошую цену. А теперь Кузьмич собирается на международный съезд «прищепочников» в Праге. Более всего мне интересно, что он будет говорить, когда его будут проверять на таможне. Коллекцию он хочет взять с собой. А два чемодана старых прищепок любого таможенника поставят в тупик.

Тайны Черного моря

Чем дольше живешь, тем больше удивляешься тем историям, легендам и загадкам, которые хранит наша земля. Не удивлял ли Вас, к примеру, тот факт, что первоначально греки называли Черное море - негостеприимным (Понтом Аксинским) и считали непригодным для плаванья? Почему эти опытные моряки никак не могли преодолеть Босфор? Все их корабли разбивались о скалы. Почему же потом море было переименовано в гостеприимное и на берегу возникает сразу множество греческих колоний? В чём здесь загадка? Почему в некоторых придунайских поселениях археологи находят таблички с клинописью? Откуда взялся всё - таки этот самый сероводород, который, наполняя глубины Чёрного моря, не даёт развиваться ничему живому? Учёные считают, что сероводород имеет сравнительно недавнее происхождение. Откуда здесь взялись представители флоры и фауны, характерные для Балтийского моря, и которых совсем нет в Средиземном море? Список вопросов можно было бы продолжить. Но все эти вопросы, как части одной мозаики. Подбираешь части, прикладываешь одну к другой и постепенно начинает вырисовываться удивительная картинка. Ещё один кусочек и ты замираешь от восхищения - получилось! Что же получается у нас? Существует гипотеза, что примерно в седьмом веке до нашей эры в результате катаклизма гигантская волна (вспомним легенды о Всемирном потопе) из Балтийского моря, смывая всё на своём пути, попадает в Чёрное море. Уровень воды в Черном море значительно поднимается. На дно моря попадает огромное количество остатков растений и почвы, при разложении которых выделяется избыток сероводорода. Все прибрежные города навеки остаются под водой. В один день исчезают острова. Есть даже предположение, что Платон ошибся, и Атлантида находилась в Чёрном море. Сейчас несколько клубов аквалангистов и энтузиастов-любителей ищут доказательства для подтверждения этой версии. Ими делаются очень интересные находки, которые возможно изменят наше представление об истории не только этого края, но и всего Древнего мира. Неизменный интерес у подводных исследователей вызывает так же и дельта Дуная. Ведь легендарный вождь готов Аттила, по одной из версий похоронен в устье Дуная. Он лежит в трёх гробах - золотом, серебряном и железном, между которыми для тяжести засыпались монеты соответствующих достоинств. Найти его давняя мечта археологов. Бывает и государство начинает интересоваться подводными поисками затонувших реликвий.

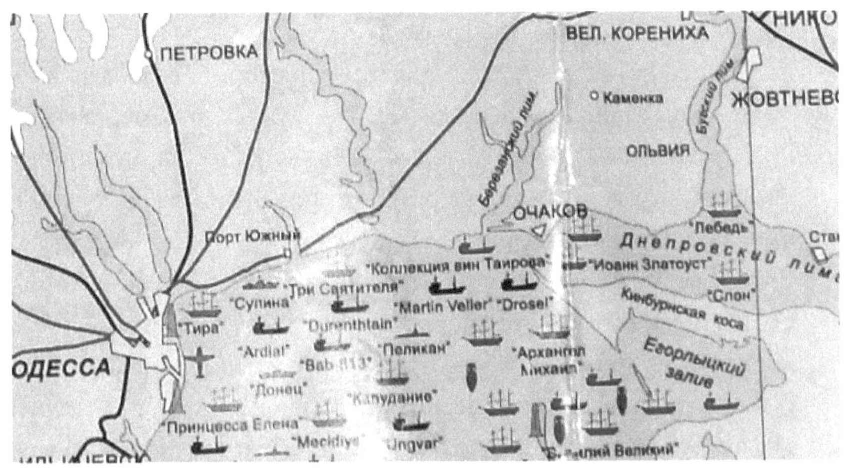

Так было в СССР в двадцатые годы. Знаменитый ЭПРОН (Экспедиция подводных работ особого назначения) был создан в недрах НКВД для поиска кладов на Чёрном море, в частности легендарного «Чёрного принца». «Чёрный принц» - английский корабль, который затонул во время Крымской войны. Он попал в жестокий шторм в районе Феодосии и в его трюмах покоится более полумиллиона золотых монет. Найти этот корабль пытаются уже много лет, но пока безрезультатно. Интересны сведенья о турецком корабле «Капитания», который вместе с несколькими тоннами серебряных монет был потоплен в районе Очакова. Его сокровища так же покоятся до сих пор на морском дне. Каждый из этих кораблей достоин отдельного описания, а есть еще и сотни других погибших кораблей, остающихся в безвестности. Когда мне довелось беседовать с американским профессором, то он был крайне удивлён, что, имея такую поразительную землю с такой необыкновенной историей, мы так бедно живём. Америка была бы вдвое богаче, имея такую древнюю историю. Это не только гордость, но и большие деньги, которые можно заработать туризмом, книгами, сувенирами. "Почему у вас так мало пишут об истории этого края? "- спрашивал меня профессор. Что я мог ответить ему? Рассказать грустные истории о чиновниках, которые погубят даже самую интересную идею, и которым нет дела до истории? Или поговорить о писателях, которым надо есть хотя бы через день. Я промолчал тогда, а сейчас думаю, что американец был прав. Сравнительно небольшие вложения принесут фантастическую прибыль. Тут важен даже не результат поисков, а сам процесс. Если отдых организован хорошо, то иностранные туристы к нам приедут. Кроме возможности искать затонувшие суда и древние города, в Одессе есть катакомбы. По всей видимости, это самые большие катакомбы в мире. Если я не прав, то пусть меня поправят. А самое главное здесь живут весёлые, предприимчивые люди, не утратившие дух здорового авантюризма. "Заграница нам поможет" - говаривал Остап Бендер. Американец обещал всяческую помощь в деле ознакомления его соотечественников с данным проектом.

А раз уж рождаются подобные планы, значит, есть еще у нас место благородным мечтателям и простор для романтиков. Значит живем!

Об авторе

Макаров Александр Владимирович - писатель, журналист.

Он более сорока лет занимается коллекционированием и публикует статьи о своих хобби в газетах и журналах. Все это на профессиональном уровне, с большим успехом у читателей. Подобных книг о коллекционировании еще не выпускалось. Освещены многие вопросы и темы коллекционирования, о которых у нас нет литературы вообще. К тому же антиквары люди скрытные. Те, кто много знает о коллекционировании, предпочитает держать свои секреты в тайне.

Автор книг: «Курс юного антиквара», «Монеты из дедушкиного сундучка», «Компьютерные программы для писателей», «Зона абсолютного счастья» и ряда книг по педагогике и воспитанию детей, опубликованных в Украине, России и США. Ведущий телепрограммы и сценарист телепроекта "Необычные деньги". Член Национального союза журналистов Украины и председатель секции прозы и публицистики одесского отделения Союза маринистов Украины. Лауреат Корнейчуковской премии 2017 года за повесть «Записки маленького спекулянта».

В настоящее время ведет школу для молодых литераторов в Одесском благотворительном фонде «Дорога к дому».

Макаров Александр Владимирович - писатель и сценарист из Одессы. Автор книг "Школа юного антиквара", "Орден черного копателя", «Территория выжженной любви» романа «Зона абсолютного счастья». Ведущий телепрограммы "Необычные деньги". Член Национального союза журналистов Украины и председатель секции прозы и публицистики одесского отделения Союза маринистов Украины. Лауреат Корнейчуковскойпремии 2017 года, награжден ей за повесть «Записки маленького спекулянта». Ведет литературную студию для писателей, журналистов и сценаристов в Одесском благотворительном фонде "Дорога к дому".

Другие книги автора Вы найдете:

https://www.litres.ru/aleksandr-vladimirovich-makarov/

Дорогой, Читатель! Я буду рад, если Вы напишете несколько строчек отзыва о моей книге, это мне позволит сделать эту и другие мои книги лучше. Всегда Ваш.

Александр Владимирович Макаров

Also by Александр Макаров

Тайна золотого чемодана
Секретный город
Школа юного антиквара

Watch for more at litorg.store.

www.ingramcontent.com/pod-product-compliance
Lightning Source LLC
Chambersburg PA
CBHW021802150726
47989CB00004B/1756